自我保护
男孩儿的
智慧与勇气

—— 张琮◎编 ——

北方妇女儿童出版社
· 长春 ·

图书在版编目（CIP）数据

自我保护：男孩儿的智慧与勇气 / 张琮编．

长春：北方妇女儿童出版社，2025．1． -- ISBN 978-7
-5585-8724-5

Ⅰ．X956-49

中国国家版本馆 CIP 数据核字第 2024F3X471 号

自我保护　男孩儿的智慧与勇气
ZIWO BAOHU NANHAI'ER DE ZHIHUI YU YONGQI

出 版 人	师晓晖
责任编辑	王桂梅
封面设计	天下书装
开 本	720mm×1000mm　1/16
印 张	7.5
字 数	100 千字
版 次	2025 年 1 月第 1 版
印 次	2025 年 1 月第 1 次印刷
印 刷	三河市南阳印刷有限公司
出 版	北方妇女儿童出版社
发 行	北方妇女儿童出版社
地 址	长春市福祉大路 5788 号
电 话	总编办：0431-81629600

定　价　39.80 元

前言

亲爱的男孩儿：

你好！欢迎你拿起这本书，它专为你们这些勇敢、善良、热血、充满活力的男孩儿而写。在成长过程中，会存在各种任务和挑战。如何保护自己，安稳度过困难重重的青春期，是你们需要面对的重要课题。成长的路途充满艰辛，尤其是在当今这个充满诱惑和挑战的世界里。我们每个人都需要学会如何保护自己，让自己健康成长。

这本书会陪你们一起经历这段成长的旅程，帮助你们成为更加坚强、独立、有责任感的人。它会给你们一些建议和技巧，教你们识别并远离危险，保持身心健康，建立良好的人际关系。

你们将学会应对生活中的各种挑战，保护自己不受伤害。只有你们有了自我意识、自我价值和自我保护的能力，你们才能真正享受生活，实现自己的梦想。

希望这本书能给你们带来帮助和启发，让你们在成长的道路上更加坚强、自信和勇敢。记住，保护自己是一种责任，也是一种力量。相信自己，你们一定能做到！

祝愿你们健康快乐地成长，拥有美好的未来！

目 录

第五章　控制自我，做情绪的主人

第六章　分辨网络世界，不在虚拟世界中迷失

第一章

勇敢的成长之旅

安全意识，成长的基石

"咚咚咚！"屋外有人敲门，独自在家的男孩儿亮亮问了一句："是谁？"没有人回应。亮亮透过猫眼也看不清外面，门口的人直接敲响防盗门，声音越来越大。亮亮躲在房间里，有点儿害怕，他大喊："你到底是谁呀？"那个人一直不说话，这让他越想越害怕。情急之下，他拨通了妈妈的电话，告知了妈妈家里的具体情况。

"妈妈……有个人一直敲门不说话……我害怕。"

"孩子，你冷静一点儿，我就在楼下，马上回家。"妈妈恰好在回家的路上，听到亮亮的话后加速赶回家中。当妈妈见到敲门者，问他来找谁时，那个人依旧不说话并离开了。妈妈拿出钥匙打开了门。"那个人走了。"妈妈说道，"孩子，你做得对，对待陌生人要多几分防备，一定不要给陌生人开门。"

·案例分析·

　　很多时候，我们容易被他人的话影响，不假思索地相信对方，甚至轻易为对方开门、递手机给对方，忽视了自己的安全。这反映出我们的自我保护意识相对薄弱。在面对陌生人时，我们无法确定他们的意图，但我们的警觉和谨慎可能会在关键时刻起到重要作用。在这个复杂的世界中，学会保护自己是非常重要的。

·建议处理方式·

　　时刻提高警惕，并增强观察识别能力，不被坏人的甜言蜜语迷惑，谨防上当受骗。

放大镜

　　生活既有美好阳光的一面，也有危险的一面。青春期的男孩儿正处于成长时期，他们的阅历相对简单，社会经验相对不足，鉴别是非的能力也较弱。

世界这么大，我已经迫不及待地想去看看了！

世界上还有这种事？我以前并不知道。

男孩儿，请试着这样做

1. 学习安全知识：阅读相关的安全教育书籍或上网查找相关的安全知识，了解如何应对各种危险情况。

2. 增强自我保护意识：要时刻保持警惕，不要轻易相信陌生人，特别是在网络上。

3. 遵守交通规则：在出行时要遵守交通规则，注意交通安全。

4. 保护个人信息：不要随意泄露个人信息，如家庭地址、电话号码等。

自护小测试

放学后没见到家人，有人说他是你爸爸的朋友，要接你去找爸爸，你该怎么做？

A 询问细节，确认对方认识自己后，再一起离开。

B 找到老师或门卫，拨打电话向家人确认，不离开学校。

征途上的自我保护意识

　　为提高全校师生的灾害自防自救能力，学校举行了火场逃生模拟演习。上午，消防队长讲解了逃生知识以及逃生路线。下午，演习正式开始，模拟警报声响起，刺耳的警报声响彻校园。亮亮在消防队长讲解怎样逃生时没有认真听，听见刺耳的警报声，他一下子慌了。看着同学们纷纷往外跑，亮亮也跟着跑。慌乱中，亮亮脱离了队伍，结果错过了"最佳逃生时机"，最终"被困火场"。

　　亮亮意识到自己没有及时逃离，决定弥补过失。在救援人员到来前，他站到了桌子上面，试图远离"火场"。队长指出亮亮在火场逃生演习中犯了很多错误，逃生时的正确做法是：不要返回火场，用湿布捂住口鼻，采取低姿态逃生的方法。

　　亮亮吸取了这次的教训，开始重视每一次灾害演习和学习的机会，学到了很多紧急情况下的逃生知识。

·案例分析·

　　在青春期，男孩儿常常充满自信，认为自己能够面对任何挑战和危险，这种自信会使他们低估火灾和地震等灾害对生命和财产的危害。在这个阶段，他们更容易关注其他方面，如学业和社交，而把自我保护意识放在次要位置。因此，他们往往不能意识到火灾和地震等灾害的威胁，对安全演习的重要性不以为意。

·建议处理方式·

　　参加学校或社区组织的安全培训课程，学习火灾、地震和其他紧急情况下的逃生技巧。

放大镜

　　青春期的男孩儿通常没有经历过真实的火灾或地震事件，因此缺乏对这些威胁的实际了解和认知。他们往往更注重当下的学业，对于潜在的风险和后果不够重视。

一定要有专人管理。这可是能救命的消防器材！

安全演习

火灾和地震真可怕，这些灾害离我们并不远。

男孩儿，请试着这样做

1. 家庭动员：与家人一起进行家庭安全演习，包括火灾和地震逃生演练，让父母成为你的安全伙伴。

2. 关注安全资讯：定期阅读或观看关于安全演习的新闻和文章，了解最新的安全知识和技巧。

3. 自我反思：思考自己在日常生活中可能面临的安全风险，制订个人安全计划。

4. 勇于提问：对于不理解的安全知识或演习内容，要勇于提问，确保自己完全掌握。

5. 习惯性思维：将安全行为变成日常习惯，如检查电器是否关闭、门是否锁好等。

自护小妙招儿

生活既有美好阳光的一面，也有危险的一面。

A 珍惜每一个安全平静的日子，为未知的风险做好预案。

B 与朋友一起讨论安全话题，互相学习和提醒，增强团队安全意识。

认识危险，防范危险

在一个热闹的游乐场，男孩儿小力正在兴奋地参观各种刺激的游乐设施。突然，他的目光被过山车吸引。这个过山车看起来非常刺激。

小力站在一旁观察，他注意到坐在过山车上面的游客都被猛烈颠簸着，一副惊恐的表情。他开始怀疑自己是否有勇气尝试这个刺激的游乐设施。

接着，小力走进人群拥挤的区域，随着人群往前走。他试图保持平衡，但很快失去控制，拥挤的人群把他推向台阶边缘。小力吓坏了，担心自己会掉下去。

就在这时，一位年长的游客注意到了小力的困境，他立刻伸出手，抓住小力的手臂，稳住了小力的身体。小力感到一阵后怕，感激地看着救他的人。到达安全区域后，小力终于松了一口气。

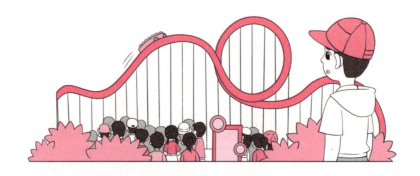

男孩儿喜欢玩儿游乐场的刺激项目，可能是因为寻求刺激和冒险的心理驱使他们想要尝试高风险的活动。游乐场的一些刺激项目通常会吸引年轻人的注意力，尤其是那些喜欢追求刺激和冒险的青少年。他们觉得这些游戏很刺激、有趣，青少年的自信和自尊心很容易被激发。所以，一些男孩儿可能更倾向于选择这些有挑战性的游戏，以展示自己的勇气和冒险精神。

·建议处理方式·

要意识到这些活动存在潜在的危险，应拒绝参与危险活动。在享受刺激和娱乐的同时，要学会保护自己的安全。

放大镜

青春期是一个充满挑战和探索的阶段，男孩儿们渴望尝试新事物，挑战自我，寻求刺激和成就感。此外，他们可能认为自己已经具备了一定的身体和心理素质，可以应对高风险的活动。

泳池里的水会不会淹过我的头顶？我还是去浅水区游泳吧！

看起来水一点儿也不深，我来试试。

男孩儿，请试着这样做

1. 规避风险：了解游乐场中存在危险的项目，不必为了追求刺激而逞能，避免因为与同学或朋友打赌而做危险的事情。

2. 理性判断：在尝试任何游乐项目之前，要先评估自己的身体状态，确保自己的身体状态适合，且做好充足准备。

3. 遵守规定：注意警示牌上的标语，遵守安全规则和提醒，不擅自违反规定，不做危险尝试。

4. 保持警觉：无论在什么场合，都要注意周围环境和人群的行为。避开拥挤的区域，以免被推搡而发生意外。

自护小测试

公园里有一座假山，朋友喊你一起爬上去，你该怎么做？

A 虽然有一点儿害怕，但是不能被说胆小，咬牙爬山。

B 拒绝并说明其中潜藏的危险，劝说朋友不要攀爬不牢固的假山。

学会应变和应急，提升生存的智慧

在一座茂盛的森林里，小杰和朋友们一起进行野外探险。突然，小杰看到一朵他从未见过的蘑菇。他既好奇，又有点儿担心。小杰决定保持警惕，远离这个陌生的植物。"不知道这朵蘑菇有没有毒，别碰它。"另一个朋友说，"不熟悉的蘑菇我们不摘。"

当小杰和朋友们继续往前走时，突然听到周围草丛里传来窸窸窣窣的声音，小杰说："可能有蛇！"他们迅速聚在一起，跑到安全的空地，避免被不明动物攻击。

在安全的地方，他们冷静下来，却发现找不到回去的路。小杰立即用手机拨打了紧急求救电话，告诉警察叔叔他们的危险情况和具体位置。他们耐心等待救援人员到来，同时保持警惕，以防动物靠近。

最后，救援人员迅速赶到，带他们安全离开了危险区域。

·案例分析·

　　青春期男孩儿喜欢探索和尝试新事物，这让他们可能会遇到一些危险的情况。提高应变和应急能力，就像给自己穿上了一层"安全盔甲"，让你在遇到突发情况时能迅速做出正确的选择，保护自己不受伤害，避免陷入麻烦。

·建议处理方式·

　　谨慎行动，不采摘不认识的植物，不靠近野外生物。迷路或受伤时，第一时间远离危险地，联系专业人员进行救援。

放大镜

　　青少年对户外冒险充满了好奇和兴奋，他们通常不会考虑潜在的危险。他们的想法比较简单直接，往往是为了乐趣而参与活动。

户外好开阔，我喜欢森林和草地。

太刺激了，大自然里有这么多有趣的东西。

男孩儿，请试着这样做

1. 增强身体素质：保持健康的身体状态，增强体能，提高应对紧急情况的能力。

2. 学习安全知识：了解各种安全知识和技能，如防火、防溺水、防交通事故等。

3. 培养观察力和判断力：学会观察周围环境的变化，及时发现潜在的危险，做出正确的判断。

4. 参加应急训练：参加各种应急训练活动，如野外生存训练、消防演练等，提高应对紧急情况的能力。

5. 学习求救方法：学会使用手机、急救包等求救工具，及时向外界求助。

自护小妙招儿

大自然很美丽，但是也藏匿着有害的生物，在野外，应穿长裤、长靴或用厚帆布绑腿。

A 可以拿木棍或手杖拨开草丛、驱赶动物，夜间走路要带手电筒，免得踩到蛇。

B 毒蜘蛛通常颜色鲜艳，看到颜色特别的蜘蛛，别去惹它。

养成自我保护的习惯，安全至上

小卫是一个阳光开朗的男孩儿，这天，他正在公园里打篮球。一个陌生人向他走过来，自称是篮球教练，想给小卫一些训练建议。他对小卫说："我远远就看到你投篮，打得非常不错！"小卫非常兴奋，因为他一直渴望成为一名优秀的篮球运动员。

陌生人看起来很专业，他给小卫讲解了一些技巧，还和小卫一起练习投篮。陌生人一边擦汗，一边说："这个球场在周末人太多，以后你跟我去一个人少的地方，我们尽情打球。"小卫对他非常信任，甚至交换了联系方式，方便以后继续交流。

然而，陌生人并没有像他承诺的那样联系小卫。几天过去了，小卫向他追问新的篮球场地也没有得到回应。于是，小卫告诉了父母这件事，他们立刻报警。警察调查后发现陌生人的真实目的是骗取小卫的联系方式和信任，他们曾经破获过以同样手法拐骗青少年的案件。

独自外出时，如果遇到素不相识的人搭讪，最好不要理会，更不要过分热情。如果他们用各种借口想让你跟他们走，一定不能轻易相信他们。就算你已经问了很多问题，认为对方看起来好像挺可靠，但还是应该告诉你的家人、朋友或者邻居，让他们知道你要去哪里。

·建议处理方式·

如果陌生人突然上来与你搭话，你要保持戒备之心，对其所说的话不可轻信，更不可以跟随他们离开。

放大镜

青少年不容易判断陌生人的意图，对陌生人的防范意识较弱。尤其对于刚成长为"小大人"的男孩儿，他们迫切希望得到他人的注意和认可，或者想要展现自己的勇气与担当，难以拒绝陌生人提出的邀请或要求。

我什么时候才能长到和爸爸妈妈一样高呢？

我已经长大了，大家都能看到我。

男孩儿，请试着这样做

1. 分辨搭讪：对方需要指路或钱财帮助时，可以告诉他去找警察寻求帮助，或直接拨打"110"求助。

2. 拒绝礼物和搭车：不要接受陌生人的钱财、玩具、食品、饮料等物品，也不要搭乘陌生人的便车。

3. 寻找安全场所：有人搭讪或尾随时，应该往人多的地方跑，绝不要跟随陌生人到僻静的角落。

4. 寻求帮助：如果陌生人在放学途中存在强行接近或纠缠行为，应该立即向附近的巡警、交警和路人寻求帮助。

自护小测试

如果一个陌生人告诉你："你家出意外了！跟我去医院！"他要带你走，怎么办？

A 惊慌失措，非常担心家人状况，跟随陌生人离开。

B 不予理会，想办法联系亲属或者回家确认真实状况。

生命价更高

　　小智是一个警惕性较高的男孩儿，一天放学回家，他注意到有一个陌生人一直跟在他的后面。小智感到有些不安，他没有直接回家，而是开始快步走向繁华的商业区，希望能融入人群，以躲开陌生人的跟踪。

　　然而，这名陌生人却紧紧地跟随他，并试图拉住他的胳膊。小智心中非常害怕，立刻加快脚步，试图拉开与陌生人的距离。陌生人意识到小智的警惕，加快了追赶的步伐，眼看就要追上来了。

　　小智越来越紧张，但他忍住了恐惧，寻找机会寻求帮助。他看到前方有一家商店，立刻冲了进去，大声向店员喊："妈妈！我放学了！"不认识小智的店员看见他身后还跟着人，迅速做出反应，立即拨打了报警电话。

　　警察迅速赶到现场，将陌生人控制住，并进行了审问。

有陌生人跟随时，要保持警觉，通过采取行动来保护自己。小智通过加快脚步、走向人多的地方来拉开与陌生人的距离，他没有独自解决问题，而是寻求身边人的帮助，并及时报警。在面临潜在绑架危险时，小智能保持冷静，没有让恐惧控制自己，这种心理素质对于应对紧急情况至关重要。

·建议处理方式·

生命宝贵，远离接近你的陌生人，不要因为疏忽或善良而让自己处于危险之中。

放大镜

在幼童时期，孩子通常有家庭成员或监护人陪伴，独自接触陌生人的机会相对较少。青少年时期的男孩儿更加活跃，经常独自出行，接触陌生人的机会增多，因此需要更加警惕危险和加强自我保护。

我的世界很小，只有我和我的家人。

这里和以前比没什么变化，只是我长大了！

男孩儿，请试着这样做

1. 不要独自外出，尽量结伴出行。

2. 外出时告知父母或老师自己的行踪，并说明返回时间。

3. 随手关门，防范坏人入室。

4. 在家附近遇到尾随者时，可以先找邻居帮忙，争取时间并报警。

5. 遇到陌生人跟踪时，可以加快脚步或跑到学校报告老师，也可以向路人打招呼，增加尾随者的心理压力。

6. 遇到陌生人问路时，应与其保持距离。

自护小妙招儿

陌生人尾随往往有两种目的：

A 尾随到偏僻的地方，找机会下手进行抢劫或绑架。

B 尾随到家，趁开门的时候进入家中进行抢劫等犯罪活动。

坚持立场，敢于拒绝

小智的好朋友小李找到他，让他拿出零花钱帮自己买东西。小李说："小智，明天我想招待朋友们来我家玩儿，你能帮我买些零食吗？"小智知道小李的父母不会同意小李买这些东西，小智也不想用自己的钱，因为父母总是告诉他要正确使用零花钱。

小智非常犹豫，心想："如果拒绝他，会不会伤害我们的友谊？可是我不想答应。怎么办呢？"

最后，小智决定坚守自己的原则，他对小李说："我很想帮你，但我认为不应该这样花钱。你还是先和你的爸爸妈妈说清楚吧，可以找其他方式欢迎朋友。"

小李听后，感到有些失望，但还是理解了小智的做法。他感慨地说："谢谢你，小智。我会向父母说明情况的。"

青少年正处于成长发育的关键阶段，他们需要学会正确处理人际关系和社交压力。如果朋友的要求与我们的价值观不符，应该勇敢地表达自己的立场。虽然拒绝别人是一种挑战，但它也是成长的一部分。应大胆表达自己的观点和立场，并遵从自己的价值观。如果别人不理解或不尊重我们的决定，不要过于在意，继续做自己认为正确的事就好。最重要的是，不要因为别人的压力而改变自己。

·建议处理方式·

清楚诚实地表达自己的意见，同时也要理解对方的感受和需求，勇敢拒绝不合理的要求。

放大镜

青春期的男孩儿注重自身得失以及自己的价值观，他们想独立地探索自我，开始在乎自己的感受和想法，而不只是按照别人的期望或规定行事。

我愿意和好朋友互相分享。

我还没看完，不想借给他。

男孩儿，请试着这样做

1. 坦诚地表达：诚实而直接地告诉朋友，你无法满足他们的要求，尽量避免伤害对方的感情。

2. 提供替代方案：如果你无法满足朋友的要求，可以尝试给出一些替代方案或建议，显示你对朋友的支持和关心。

3. 真实表达自己的感受：与朋友分享你的想法，让他们了解你的立场和原则。

4. 善于设定界限：学会说"不"是很重要的一步，能够保护自己的权益。

自护小测试

暑假期间，你的好朋友东东突然来家里找你，他想借你的暑假作业抄袭，你会怎么做？

A 虽然抄袭作业的行为是不正确的，但既然好朋友开口了，自己也不能拒绝。

B 告诉东东抄作业的行为是不正确的，并表示自己可以帮他辅导作业，但是不会把作业借给他抄袭。

第二章

勇敢的战士先穿铠甲，再拿利剑

保护别人之前，先学会保护自己

　　春天到了，学校组织春游，王晓天和几个同学结伴而行，来到了小河边。他们发现河里有许多鱼，有个同学想抓鱼，结果脚下一滑掉进了河里。会游泳的王晓天马上冲上去，想要抓住同学的手，没想到自己的力量根本不够，虽然抓住了同学的手，却因为脚下打滑，也掉入河中。其他同学赶紧大声呼救，很快，闻讯赶来的老师和其他游客合力把两人救了上来。

　　惊魂未定的王晓天对老师说："我原本以为自己能把同学拉上来，没想到自己也被拉下去了。我不但没有救了同学，反而差点儿害了同学呀！"老师叮嘱王晓天："是呀，以后一定要注意，先要自保自救，这样才有机会救他人，知道吗？"王晓天连忙点头。

河道危险
禁止游泳

　　近年来，经常发生青春期男孩儿为了救人而失去生命的事，这种勇敢无畏的精神是值得赞许的，但是一定要重视生命安全。

　　在救助他人时，青少年首先要能够保证自身安全，因为只有在保证自身安全的情况下，我们才能理性地救助他人，如果自己的安全都无法保障，还有什么能力救助他人呢？

·建议处理方式·

　　遇到有人溺水，不要盲目下水，可向溺水者附近投放救生圈、木板、树桩等漂浮物。

放大镜

　　随着年龄的增长，很多男孩儿越来越觉得自己是一个真正的男子汉了。所以不管是在家里和妹妹、弟弟相处，还是在学校里和同学相处，处处都会摆出一副大人的样子。

从前的我——小屁孩儿

现在的我——自认为可以打败"怪兽"

男孩儿，请试着这样做

1. 无论遇到什么事，都要保持冷静，想办法处理。

2. 在做任何事之前，先思考该不该做。学习法律法规，提高明辨是非的判断能力。

3. 认识各种安全标志、交通标志，能够辨认这些标志的意义，并按照标志的指示行事。

4. 自己解决不了的事，要学会找他人帮助。

5. 学会以正确的救助方式帮助他人。

自护小测试

当遇到有人落水呼救时，你会怎么做？

A 不考虑自身会不会游泳，直接跳入水中救人。

B 立即联系专业救护人员，不会贸然下水救人。

讲道理，明辨是非

　　一群志同道合的男孩儿组成了一个小团队，他们之间充满了兄弟般的友情，一起玩耍、学习，度过了许多快乐的时光。有一天，团队中的小强和另一群男孩儿产生矛盾，他决定以维护团队的尊严为由组织一场群架。尽管其他成员心存顾虑，但在小强的坚持下，大家还是同意了。

　　那天晚上，他们聚集在一起，情绪激动地前往约定地点。他们并没有理性地判断这件事的对错，只是盲目地跟随小强。就在他们即将陷入一场无法挽回的争斗时，一名同学被从对方人群扔出的石块击中，顿时血流满面。这一幕让他们瞬间清醒过来，他们意识到自己可能犯下了无法挽回的错误，于是立刻停止冲突，带着受伤的同学去了医院。

真正的友谊与"哥们儿义气"有很大不同。"哥们儿义气"往往不考虑对错，不遵循原则，也不尊重社会规则和法律。虽然"哥们儿义气"在某些情况下很重要，但我们不能为了暂时的冲动或小团体的利益而做出伤害他人和损害集体利益的行为。当面临冲突时，我们应该放下争执，寻找和平的解决方案。"哥们儿义气"应该在正确的情况下适度使用，这样才能发挥其积极作用。

·建议处理方式·

不要把"哥们儿义气"当作真正的友谊，更不要因为一时的冲动而做出错误的选择。

放大镜

随着年龄的增长，青少年在交朋友时更看重内心交流，扩大交际圈，而不仅仅是和身边的小伙伴玩儿。"哥们儿义气"让青少年感到自己是团体的一部分，能让他们获得归属感和认同感。

这是我从小一起玩儿到大的朋友，他做什么都对。

这是我的好朋友，我们要一起进步和成长。

男孩儿，请试着这样做

1. 明确原则：讲义气应该建立在维护集体利益的基础上。面对朋友的不当要求，要明确自己的立场。

2. 冷静处理冲突：发生争执和冲突时，要保持冷静，不参与混战。在安全的前提下，劝说双方和解，化干戈为玉帛。

3. 坚持立场：对于逃课、作弊或犯错的朋友，要以劝说的方式引导他们改正，不帮助他们逃避责任。

4. 真正的友谊：支持、理解和帮助朋友，如果朋友犯错，要及时提醒他们，帮助他们回归正轨。

自护小测试

好朋友悄悄找到你，让你在后天考试时帮他作弊，你会答应吗？

A 都是好朋友，我要讲义气，这次就帮他掩护一下。

B 不包庇朋友，不纵容错误，及时劝他诚信考试。

三十六计，走为上计

小智和朋友们在一次玩耍中误入了一片烂尾楼，他们发现周围有一群陌生人，举止异常可疑。这些人似乎在寻找什么，但又不像是正常的搜寻。小智的心里开始感到不安，他们可能陷入了某种危险之中。

小智立刻观察周围的环境，发现了不远处的红绿灯路口。他没有犹豫，立即开始逃跑。一开始，他的朋友们对他的决定感到惊讶，但看到他坚定的眼神，朋友们也决定跟着他一起逃跑。

他们飞快地奔跑，心跳加速。幸运的是，他们的行动并没有被那些陌生人察觉。来到安全的地方后，他们马上报警。原来那真的是一伙犯罪分子，警察最终将他们绳之以法。

小智的果断行动让他和他的朋友们都逃过了一劫。

·案例分析·

　　青少年在面临危险时，能够迅速识别危险，有自我保护意识和逃离危险的能力非常重要。通过保持冷静、分析环境和迅速采取行动，他们可以最大限度地保护自身的安全。同时，团队合作和相互信任也是逃离危险的关键因素。青少年应该不断提高自我保护意识，以便在遇到危险时能够做出明智的选择。同时，青少年需要增强逃离危险的能力，这包括学会火灾逃生、地震避险、溺水自救等技能。

·建议处理方式·

　　在遇到紧急情况时，收起好奇心，不逞英雄，迅速采取有效措施，以最快速度逃离危险源。

放大镜

　　在面对危险时，青春期男孩儿可能更倾向于采取冒险的行为，试图展现自己的勇气和能力，他们认为这样可以获得成就感和他人的认可。

小时候的我感到恐惧时，可以依赖于父母的保护。

我真勇敢，遇到危险时，带着同学们跑出来了！

男孩儿，请试着这样做

1. 自救第一：保护自己是非常勇敢和负责任的事情。在面临危险时，自身安全最重要，我们的生命和健康是无价的。

2. 培养判断力：快速评估危险等级并做出正确的决策。分辨危险的信号，及时逃跑。

3. 学习技巧：迅速察觉危险信号，可以识别安全出口并找到逃生路线。学会基本的逃跑和躲藏技巧，以及如何寻求帮助。

4. 长期安全教育：在家庭和学校教育中培养自己的安全意识。

自护小测试

在回家的路上，你遇见了一只没有主人的大狗，它拦住你的去路，这时该怎么办？

A 留下与恶犬对峙，盯着它看，在附近找武器防身。

B 保持冷静，慢慢地后退逃跑，找到遮蔽地，比如车辆、建筑物或树木，以避免被狗追赶。

坚持正义，不助纣为虐

　　小班是个聪明但有些霸道的孩子，他总是喜欢掌控一切，包括班上的同学们。一天，小班告诉所有同学："大家都不要跟小智玩儿，也不许接近他。"小班想让大家都听他的，但他没有考虑小智的感受。

　　一开始，大家对小班的警告有些犹豫，但随着时间的推移，看到小智真的被孤立了，大家也就听从了小班的话。从此以后，班上所有同学都不跟小智说话，也不跟小智玩儿，小智每天只能一个人上学、放学。小力看着这一切，心里很难过，却不知道怎么办。

　　一天，小力在课间休息时无意间听到了小智的哭声。小力走到小智身边，问他为什么哭。小智说："我没有做错事，大家却排斥我，心里很难过。"听到这里，小力的内心感到很愧疚。

这样的行为不仅伤害了他人，也破坏了班级的和谐氛围。我们不应该帮助那些做错事的人或组织，也不要跟着坏人做坏事。在任何情况下，我们都应该尊重别人的感受和权利，公平公正地对待他人，不要参与或支持任何形式的欺凌、不公平对待他人或其他不道德的行为。

·建议处理方式·

作为一个有爱心、有责任感和正义感的人，我们应该尊重他人、帮助他人，在校园霸凌中，不做冷漠的旁观者。不与霸凌者同流合污也是对校园霸凌的反抗。

放大镜

面对他人遭遇霸凌，很多男孩儿害怕自己成为下一个被霸凌的对象，担心遭到同龄人的排斥和嘲笑，认为自己单打独斗无法解决问题……这都是青少年面对霸凌时选择保持沉默的原因。男孩儿可能错误地认为自己没有足够的影响力来干预或改变霸凌行为。

有人说不许和他交朋友。

他被孤立了，我不会再视而不见，我会主动和他交朋友。

男孩儿，请试着这样做

1. 打破沉默：在保证自身安全的前提下，寻找恰当的时机告诉老师或家长，不要自己直接参与。

2. 伸出援手：你的一次帮助，可能就会改变同学的一生。如果你遇到霸凌，也会希望有人帮助你。

3. 坚持正义：每一位同学都不应该被霸凌，同时也一定要拒绝成为霸凌者。霸凌可耻，且一定会受到惩罚和谴责。

4. 不受胁迫：不要害怕报复和威胁，如果听从霸凌者摆布，只会受到更多的欺负。

自护小测试

一个同学总是嘲笑个子比较矮的男生，他起哄让你叫同学的外号，你要怎么做？

A 不关我的事，我就当没有听到，只要我不欺负他就好。

B 避免正面冲突，寻找合适的机会向老师报告。

互助互爱，注意尺度

迪迪是一个善良且乐于助人的男孩儿，他总是愿意帮助别人，无论是在学习上，还是在生活上。他相信通过自己的善行可以为别人带来快乐，同时自己也会感到快乐。

然而，他花费大量的时间和精力去帮助别人，导致自己的学业和休息时间都受到了影响。

迪迪总是想：帮助别人是没错的，自己委屈一点儿没什么，帮助他人很幸福。有一次，迪迪在学校的活动中主动承担了大量的任务，他忙碌于各种事务，没空休息。他的朋友们开始疏远迪迪，他们觉得迪迪太过自私，总是忙着帮助别人，没把他们当朋友，忽略了他们的友谊。

迪迪内心的矛盾和委屈越来越强烈，他开始思考自己的行为是否正确。

帮助别人是值得表扬的，但要注意尺度，应该学会在照顾好自己的前提下去帮助别人。我们在关心和帮助他人的同时，也要保护好自己的利益。只有这样，我们才能长久地帮助别人，同时也能够实现自己的成长和进步。

·建议处理方式·

看到别人需要帮助时，我们可以给予援助或支持，但这并不意味着要承受不公正待遇或委屈自己。

放大镜

在成长过程中，孩子通常会被教育要积极分享、乐于助人，但如果没能把握分寸，他们就可能在看到别人需要帮助时，不假思索地提供帮助，而不考虑后果。青少年渴望得到认可，希望通过帮助他人获得他人的赞扬，这种动机可能会使他们在一些情况下委屈自己，使自己陷入危险之中。

爸爸妈妈教我要互帮互助。

大家都说我乐于助人，特别可靠！

男孩儿，请试着这样做

1. 确定自己的能力和界限，不过度承担帮助他人的责任。

2. 保护自己的需求和利益，不要让自己的利益受到损害。

3. 提供适度的帮助，不必承担一切责任或解决所有问题。

4. 学会说"不"，懂得适时拒绝一些请求。

5. 与他人合作，分担压力，共同解决问题。

6. 寻求支持和帮助，不要独自承担困难，寻求家人或朋友的帮助。

自护小测试

你的同桌说他的数学学习遇到了困难，让你给他讲讲数学题。可你非常着急的英语作业还没完成，怎么办？

A 先不管自己的作业，先花时间给同桌讲解数学题。

B 先写完自己非常着急的作业，让同桌等你或者让他先找其他同学或老师求助。

第三章

男孩儿的安全守则

不要被恶作剧引入歧途

小易是一个喜欢恶作剧、捉弄同学的男孩儿，他总是找机会捉弄别人，让自己开心。他觉得这样很有趣，可以把压力和烦恼都抛在脑后。

有一天，小易在学校的操场上看到一个同学正在练习跳高。他突然心生一计，决定捉弄一下这个同学。他悄悄地走到同学身后，用力把跳高杆推倒。同学在跳高的时候吓了一跳，瞬间失去平衡，摔了个四脚朝天。

同学们都被小易的恶作剧逗得哈哈大笑，但被捉弄的同学却感到很受伤。他站起来，愤怒地看着小易说："你为什么要这样对我？"小易笑着回答："让大家开心一下而已。"

随着时间的推移，小易的恶作剧变得越来越过分。他开始在课堂上捉弄老师，甚至在学校的活动中干扰其他同学。他的行为逐渐引起了老师和同学的不满。

本以为恶作剧可以让自己开心、活跃气氛，然而随着时间的推移，恶作剧变得越来越过分，不仅会引起周围人的不满，还会伤害他人。调皮捣蛋的孩子也有可能被错误的行为引入歧途，但是只要他们意识到错误并愿意改正，就能回归正途。重要的是要学会从错误中吸取教训，用积极的方式面对生活。

·建议处理方式·

己所不欲，勿施于人。不要用"恶作剧"伤害他人。

放大镜

恶作剧是青春期男孩儿常见的开玩笑方式，也是男孩儿社交互动的一部分，他们希望通过制造混乱和开玩笑展示自己的个性和幽默感。这样做有时能让他们感觉自己更有力量，或者在压力大时放松心情。

水杯盖不是能吸住杯子吗？我只是好奇，不是故意的。

等他走过来我就伸脚，他被绊倒的样子一定很好笑。

男孩儿，请试着这样做

1. 尊重他人：恶作剧可能会带来短暂的快乐，但一定会伤害他人的感情和尊严。

2. 明确边界：有时恶作剧可能超出了友好的范围。了解家人和朋友的社交界限，避免做出过于出格的行为。

3. 承担责任：如果你选择对他人进行恶作剧，那么你也需要承担可能产生的后果，包括道歉、弥补造成的损失等。

自护小测试

同学之间应该友好相处，你会做这种事吗？

A 和同学打赌：人不能同时看到自己的胳膊肘和鞋底，骗他做出滑稽动作。

B 把同学的所有课本都换成自己的，看看他在哪一节课会发现。

远离害人的赌博游戏

　　小李在一个聊天儿群抢红包时结识了一个陌生网友，这个陌生网友称赞小李抢红包手速快，邀请他付费进入一个天天有人发红包的聊天儿群。小李被迷住了，心想：又能抢红包玩儿，又能发财，简直太棒了！他毫不犹豫地加入群聊，自信满满地相信自己能赚到钱。

　　小李利用自己积攒的压岁钱付费加入这个聊天儿群，短短一个星期，他在这个群里赚取了两千多元。然而，在接下来的三天，他却连本带利输光了。他产生了一股强烈的冲动：一定要把输的钱赢回来！

　　小李悄悄地从妈妈的微信账户转走了两千元，并删除了转账记录。接着，他又进行了第二次、第三次转账。为了翻本，小李一次次从妈妈的手机微信里转移资金。

　　然而，他的运气并没有持续下去，小李最终一共输掉了五万元。最终，群主被警方抓获归案，而这位群主正是以发红包为甜头引诱像小李这样的陌生网友。

·案例分析·

现实中的赌博摇身一变，成了网络上的虚拟赌场，将赌博嵌入游戏，以各种面目和形式藏身在互联网中，而且有一些网络赌博瞄准的就是涉世未深的青少年。青少年不要相信快速赚钱的赌博诱惑，要远离任何形式的赌博，不要陷入对金钱的贪婪追求之中。

·建议处理方式·

不贪小便宜，不尝试一切带有赌博性质的游戏。

放大镜

青春期是男孩儿追求独立的阶段，他们希望得到更多的自主权和财务自由，这导致他们对金钱产生更大的兴趣。受到成人世界中金钱诱惑的影响，追求快速赚钱和刺激的男孩儿会在冲动之下尝试赌博。

心性单纯，更加关注得失，
不愿意损害自己的利益。

存在侥幸心理，面对诱惑时
更容易忽视风险。

男孩儿，请试着这样做

1. 不要轻易进入来历不明的网站和链接，发现赌博平台等不良网站应立即离开。对于可以充值、提现的网络游戏，要格外警惕，远离非法游戏。

2. 拒绝诱惑：面对金钱诱惑时，要有坚定的原则和底线。如果发现有涉及赌博的情况，要敢于拒绝并及时报警。

3. 理智消费：建立健康的消费观念，避免盲目跟风或冲动消费，不让自己陷入债务困境。

4. 远离不良环境：远离宣扬金钱至上或快速致富的网络内容和社交环境，避免被不健康的金钱观念影响。

自护小测试

你在上网时，弹出一条广告，上面说点击链接就可以得到红包，你会点击吗？

A 点击链接又不会有损失，万一真的有红包呢？

B 不占便宜，远离网络陷阱。

面对勒索，不能忍让

吕文是一个普通的初中生，他学习勤奋，性格内向。一天，在放学的路上，他被几个高年级学生拦下。这些学生威胁吕文，要求他交出零花钱。吕文害怕被打，暂时屈服了，交出了自己辛苦攒下的零花钱。其中一个比较凶恶的同学说："小兄弟，不错嘛，挺识相的。你要是敢把今天这事说出去，下次就没这么容易过关了。"

回到家后，吕文心中十分痛苦，他既害怕，又忐忑。晚饭时，他鼓起勇气，把这件事告诉了父母。

父母听后非常生气，他们安慰吕文不要害怕。第二天，父母找到学校，老师表示会严肃处理这件事情，并保证吕文的安全。老师对那几个勒索钱财的学生进行了批评教育，并通知了他们的家长。

勒索和欺凌对青少年的心理健康和成长十分不利，可能导致他们产生恐惧和不安心理，被迫屈服于高年级同学的勒索，损伤自尊心和自信心。家庭和学校的支持和帮助在校园欺凌中起着非常重要的作用，青少年面对这些问题时必须勇敢求助。

·建议处理方式·

遭遇金钱勒索时，不要害怕，尽量避免与勒索者发生冲突，并伺机逃跑，及时向家长或老师寻求帮助。

 放大镜

青春期男孩儿通常更加独立和自主，他们更愿意自己解决问题，而不是依赖他人。因此，他们可能会更倾向于选择用暴力对抗勒索者，或者独自承受压力，而不是主动寻求帮助，如告诉老师或家长。

不能让勒索者气焰嚣张，我不会忍气吞声。

害怕被勒索者盯上，更怕再次被勒索或者被打，选择忍让。

男孩儿，请试着这样做

1. 保持低调：尽量与他人一起行动，不炫耀财富，降低成为勒索目标的风险。

2. 及时报告：遭遇勒索后，及时向老师、家长报告，不要听信勒索者会事后报复的威胁。

3. 远离不良人群：远离社会闲散人员，避免与他们发生冲突。

自护小测试

你被一群高年级的学生拦住，他们要求你每周都要上交零花钱，否则就打你。

A 非常害怕，不想被打，只好交出钱，但内心感到焦虑和痛苦。

B 暂时屈从于他们的威胁，交出一部分零花钱，记住勒索者的基本信息，告诉学校和父母。

珍爱生命，远离毒品

路年是个喜欢追求刺激的中学生，他总觉得自己的生活一成不变："每天都没有新鲜事，真无聊！"这天，路年的同学介绍新朋友大壮和他见面，大壮带着他们左拐右绕地走到了一个偏僻的空地。大壮走过去和几个人打招呼，那几个人正在神秘地说话，手上时不时传递着什么东西。

路年好奇地观察这些人的言行，隐约听到他们说话："尝尝这个，最新款电子烟。""就试一次，不会上瘾的。""看你是朋友才给你的，免费给你还不要哇？"看着几个人抽起电子烟，路年的心怦怦直跳，他害怕极了，准备趁他们不注意马上离开这里……

毒品的隐蔽性强、形式多样，它们伪装成零食、饮料等常见物品，比如放在糖果里、涂抹在纸片上、伪装成"提神醒脑"的可吸食气体，让青少年放松警惕。孩子们正处于生理、心理的发展时期，心理防线薄弱，好奇心强，判断是非的能力差，不易抵制毒品的侵袭。

·建议处理方式·

面对毒品，青少年要杜绝好奇和侥幸心理，绝不尝试，不结交有吸毒、贩毒行为的人。

放大镜

青少年的心理承受能力相对较弱，在遭遇家庭破裂、学业失败、友谊受挫等烦恼时，他们容易感到压力很大、无法排解。同时，这个阶段也是自我意识萌芽和发展的时期，他们容易产生逆反心理，做出反常行为，比如对严令禁止的事物感兴趣。

爸爸帮我修好玩具，我就不烦恼了。

我好伤心，但也要努力找到解决方法，用积极的心态去面对困难。

男孩儿，请试着这样做

1. 保持警惕，要选择健康有益的方式缓解压力、满足好奇心。

2. 通过运动、手工、音乐等方式来释放压力。

3. 正确看待叛逆心理，用健康的方式来表达自己的个性。

4. 可以追求刺激，但是要选择积极阳光的活动，比如运动、登山等。

5. 远离不良人员和场所。

 自护小测试

医学上习惯称吸毒为麻醉品、精神药品的滥用，也就是出于非医疗的目的，通过各种方式将毒品摄入人体的行为。吸毒成瘾是什么样的疾病？

A 精神疾病。

B 慢性复发性的脑疾病。

远离烟酒，健康生活

一天，中学生致远和他的朋友们在一起玩耍，他们遇到了一个熟悉的学长。这位学长给致远和他的朋友们每人递上了一支烟，并邀请他们一起去喝酒。

致远心里有些犹豫，他知道抽烟喝酒对身体不好，但是他又觉得学长看起来很酷，抽烟喝酒也许能让他变得更像个大人。这时，致远的朋友们也开始劝说他，他们说抽烟喝酒是成年人的社交方式，致远不应该错过这个机会。

致远开始动摇了，但是他想起了自己在健康课上学到的知识。他决定拒绝学长的邀请，并告诉他的朋友们抽烟喝酒的危害。

朋友们不理解致远，觉得他太古板，但是致远坚持自己的决定。他告诉朋友们，他不想让自己的身体受到伤害，也不想因为抽烟喝酒而影响自己的未来。

不能因为别人的影响而轻易改变自己的决定。如果有成年人、同学、朋友试图说服你尝试抽烟喝酒，一定要坚定地拒绝，我们应该有自己的原则和价值观，不要轻易被他人的意见左右。面对不良行为，青少年内心挣扎以及无法决策的心理十分常见，我们应当珍惜自己的健康，远离那些会对身体造成伤害的行为。

·建议处理方式·

男孩儿应该拒绝吸烟喝酒的诱惑，不受各种压力所胁迫，坚持自己的原则，珍惜自己的健康。

放大镜

青春期男孩儿通常会模仿成年人的行为，包括抽烟喝酒，认为这是成年人的标志。男孩儿更加注重社交互动和同伴关系，他们可能受到环境影响，认为抽烟喝酒是一种社交方式，也是融入群体和建立联系的方式。

烟味和酒味真难闻，我不喜欢。

通过抽烟喝酒建立的感情不是真正的友谊。

男孩儿，请试着这样做

1. 知晓危害：了解抽烟喝酒对健康的危害，包括对身体和心理的危害。

2. 社交技巧：自信地拒绝和表达自己的意见，这将帮助你应对社交压力，而不因为他人的期望而做出错误的选择。

3. 发展爱好：找到自己的特长、爱好和兴趣，将精力投入到积极有意义的事情上，这些都有助于抵抗不健康的诱惑。

4. 建立信念：拒绝诱惑，坚信抽烟喝酒不符合自己的价值观，保持自律。

自护小测试

发生了一些很不愉快的事，你的心情差到极点，这时朋友约你外出散心，你会怎么做？

A 和朋友倾诉，找到解决方法，用积极健康的心态面对困难。

B 通过抽烟喝酒来缓解情绪，寻求短暂的慰藉和放松。

第四章

安度校园生活，享受珍贵的青春期

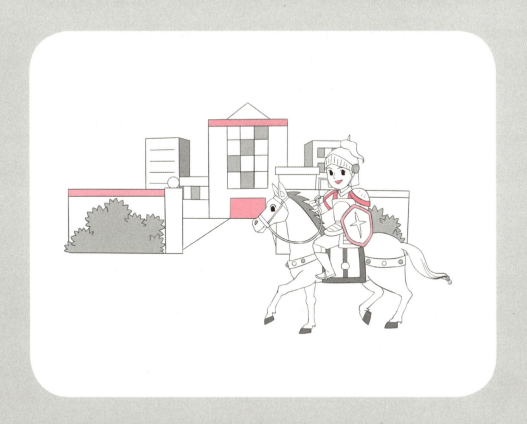

身体发肤，受之父母

　　李强是一个内向、安静的初中男孩儿。有一天削水果时，李强不小心用刀划伤了手臂，他看见伤口和冒出的鲜血非常惊慌。他马上去找创可贴给自己包扎。这时，爸爸回家正好看到李强正在流血的手臂，吓了一跳，以为他在自残，急忙问："这是怎么了？"

　　李强解释完前因后果，爸爸才松了一口气："以后使用刀具一定要非常小心，看到你流了那么多血，可把我吓得不轻。"

　　李强从网络上看到很多文身图案，又在外出时见到有成年人身上带有刺青，于是他对文身这种独特的艺术形式产生了兴趣，他问爸爸："文身有什么感觉？"爸爸告诉李强："文身的过程非常痛，我们要爱护自己的身体，别去尝试这种不负责任的行为。文身也会给你的未来造成负面影响。"

孩子，你的父母非常爱你，不希望你生病或受到任何伤害。你要好好爱护自己的身体，不要因为一时的冲动而伤害自己的身体。文身、自残都是伤害自己的行为，会给你带来长期的遗憾和痛苦。

·建议处理方式·

使用刀具等锐器要小心，更不要去文身，每一次对身体的伤害都是不可逆转的，请珍视自己的身体，远离一切伤害身体的行为。

放大镜

青春期男孩儿想要追求时髦、释放压力、寻求刺激。他们的反叛心理所带来的冲动有时会伤害自己，应对他们进行正确的引导，帮他们理解自己的行为可能带来的后果，并提供健康的替代方式来分散他们的注意力。

哇，这个人有文身，有点儿可怕！

哇，这个人有文身，看着真特别！

男孩儿，请试着这样做

1. 知道健康风险：文身可能会引发感染、过敏、皮肤病等。自残可能导致伤口感染或失血过多，甚至危及生命。

2. 了解心理影响：文身和自残并不能真正解决问题，反而可能导致情绪依赖，陷入后悔自责、自我批评的心理旋涡。

3. 无法反悔：文身、自残会留下永久伤害。

4. 限制未来：不少职业明确禁止文身，如军人、运动员、警察……青少年选择文身会错失机会和朋友。

自护小备注

A 面临各种挑战和压力，我都有信心战胜，绝不用伤害自己的方式逃避痛苦！

B 告诉自己：我是世界上最爱自己的人，我的身体健康和健全排第一，我的生命最宝贵。

男女有别，互相尊重

　　王先是个活泼开朗的男孩儿，喜欢和同学们一起开玩笑，他经常和其他男孩儿一起戏弄女孩儿，却没有意识到这样的行为可能会给女孩儿带来困扰和伤害。

　　有一天，王先发现班上的一个女生小美总是一副心事重重的样子，王先决定从背后吓她一跳。结果小美被他吓哭了，惊慌的王先连忙道歉，小美十分难过地对他说："我总担心被你们捉弄和嘲笑，你们太讨厌了！"

　　王先这才意识到自己和其他男孩儿的行为给女孩儿们造成了伤害，他感到非常难过和愧疚。他意识到男女生之间应该相互尊重和平等对待，便下定决心改变自己的行为。

　　王先的改变也影响了其他男孩儿，他们开始意识到自己的错误，并向女孩儿们道歉，承诺以后会友善地对待她们。

·案例分析·

青春期的男孩儿已经开始有性别意识，在校园环境中，个人行为对群体氛围有很大影响。男孩儿应该意识到自己的行为对女孩儿的影响，不要以捉弄和欺负女孩儿为乐，而要以友善和尊重的态度对待女孩儿。

·建议处理方式·

尊重和平等对待他人是构建健康人际关系的基础，男孩儿与女孩儿相处时需要注意社交尺度，更不可以欺负女孩儿。

放大镜

有些青春期男孩儿发现自己比女孩儿更强大、更有攻击性，会把女孩儿看作柔弱的一方，甚至认为捉弄女孩儿是一种显示自己力量和优越性的方式。

这摞书太沉了，我来搬吧！

头发这么长，我帮她修剪一下！

男孩儿，请试着这样做

1. 学习生理知识：通过医学书籍、生理课程等途径获取正确的信息，理解异性，避免因为无知而做出冒犯的行为。

2. 保持尊重：尊重他人可以避免不必要的身体接触或冒犯的言语行为，也可以确保自己的行为不会侵犯他人的个人空间和隐私。

3. 换位思考：试着将自己代入女孩儿角色，换位思考，理解女孩儿的感受和需要，避免做出伤害他人的行为。

自护小测试

班上的一个女同学和你有相同的兴趣爱好，你很高兴能找到志同道合的人，你该怎样引起这个女生的注意呢？

A 在女生经过的时候拽住她，以贴小纸条等举动拉近关系。

B 大大方方搭话，说明来意，并讲述自己的想法，保持社交距离，与对方友好愉快地交谈。

懵懂的青春期，要维持适度合理的关系

女孩儿小金聪明活泼，是班上的焦点人物。小磊是她的好朋友。小磊慢慢发现自己对小金有特殊的感情，但他不敢表白，害怕失去好朋友，更怕伤害小金。面对小金，他感到既紧张，又兴奋，总是过度地关心和照顾小金，这引起了小金的反感。

小磊感到困惑和无助，不知道该怎么处理这种复杂的感情关系。他试图保持距离，但发现自己越来越难以控制自己的感情，他很纠结："这是友情，还是爱情？"小磊每天苦恼不已，无心学习，连好朋友邀请他打球都不想参与。

最后，小磊鼓起勇气向小金表白了。他没想到小金并没有马上拒绝，而是告诉他："我能理解，但我希望我们还是好朋友。"听到这个回答，小磊虽然有些失落，但也感到释然。最终他们决定继续做朋友，尊重对方、彼此欣赏。

友情和爱情是不同的，你需要明确自己的感情，同时也要尊重女孩儿的感受，不能一味放任自己的感情，否则只会破坏友谊。青少年应该成熟且理智地看待自己的感情，把握好友情的尺度，不要让自己的冲动和任性伤害到他人。

·建议处理方式·

在懵懂的青春期，男孩儿还未完全理解爱的含义，你们不仅要避免把异性友谊变成早恋，更应该把精力放在学习与自我成长上。

放大镜

青春期的荷尔蒙变化会影响青少年的情绪和判断力，使他们对异性的感觉更加敏感，难以客观地了解自己的感情。

她经常帮助我们，真是个可靠的朋友。

她为什么和那个男生做朋友？她只能和我玩儿！

男孩儿，请试着这样做

1. 专注成长：集中精力学习和发展自己，如读书、锻炼、培养兴趣爱好，从而了解自己、增强自信。

2. 正确交友：树立正确的感情观念，与异性保持健康的友谊。

3. 建立界限：与异性朋友保持适当的距离和界限，避免过于亲密的行为或言语，尊重对方的私人空间和感受。

4. 远离早恋：早恋会带来压力、焦虑，并影响学业，男孩儿要保持理性，避免早恋。

自护小备注

友情的主要特点是共享、支持和关心，它强调的是彼此之间的共同成长和互帮互助。

A 可以与多个朋友建立异性友谊，真正的友谊不存在排他性。

B 友谊的基础是相互尊重和理解。

我只能和男孩儿一起玩儿吗

中学生轩轩总是排斥与女孩儿相处，他不知道怎么和她们相处，所以从不和女同学说话，他的朋友圈里只有男孩儿。

在学校组织的一次集体活动里，轩轩和一个女同学雅雅分到了同一组跳绳。起初，轩轩感到非常紧张，他不知道如何与雅雅开口说话。但是，雅雅非常有耐心，主动指导第一次参加跳绳比赛的轩轩。雅雅怕轩轩绊倒，还特意教他如何控制跳绳长度。雅雅的细心让轩轩渐渐放松，在两个人的认真合作下，他们越来越默契，最终完美地完成了任务。

轩轩发现雅雅提出的建议帮助他们小组取得了很好的成绩，他感到非常开心，心想："和异性交往也不是一件可怕的事。"这次经历让轩轩对异性有了新的认识，他不再把性别作为交往的前提。轩轩的人际关系变得更加广泛和融洽，他也变得更加开朗和自信。

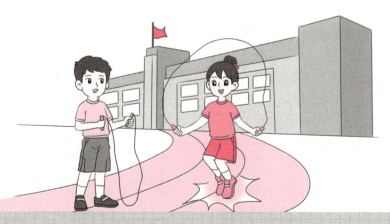

·案例分析·

很多男孩儿在接触异性时会感到既神秘又紧张，不知道怎么与女孩儿轻松交往。或者刚开始和女孩儿打交道时，感觉有点儿尴尬，不知道如何与她们相处。这些都是成长过程中的正常经历。

·建议处理方式·

与异性交往不可怕，女孩儿身上有很多值得男孩儿学习的美好品质，不要排斥与她们交朋友。

放大镜

在与女同学交往时，青春期男孩儿可能会担心自己在同龄人或社交圈中被他人评价，害怕在和女孩儿接触时做出不当的行为或被误解，从而压抑自己，不敢和女孩儿接触。

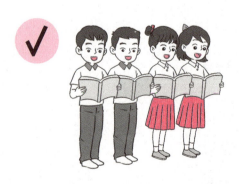

✓ 了解女孩儿在性格、气质、能力等方面的优点，共同进步，共同提高。

✗ 男孩儿和女孩儿形同陌路，关系冷漠，甚至相互敌视。

男孩儿，请试着这样做

1. 不要将不了解的女孩儿神秘化、妖魔化，不要回避自己真实的想法，想和女孩儿交朋友并不是错误。

2. 要善于发现并学习女孩儿的优点，与异性正常交往将让你在生活中获得更多的友谊和快乐。

3. 跟女孩儿相处时，不要太拘束或太随便。不要冷漠，也不要过分亲昵，更不能为了引人注意而做出夸张的行为。

自护小测试

男孩儿应该如何与女孩儿相处呢？

A 与异性交往的过程中，言语、表情、行为、举止、情感要自然、适度、真诚，并相互尊重和理解。

B 像和男孩儿相处一样，可以与女孩儿勾肩搭背、举止亲昵。

男孩儿也可能遭遇性骚扰

　　男孩儿小洋阳光帅气、聪明可爱，爸爸妈妈十分疼爱他。他的爸爸妈妈经常告诉他："你身体的隐私部位只有你自己、爸爸和妈妈能看。"小洋似懂非懂地记住了父母的叮嘱。

　　父母宴请亲朋好友聚餐时，小洋见到了一个陌生的叔叔，这个叔叔非常热情，一直和他聊天。

　　小洋在洗手间遇到了这个叔叔，叔叔却神秘兮兮地喊住小洋："你别走，你留下看着。"小洋想到平时在学校也有不少同学结伴上厕所，虽然感觉有点儿奇怪，但还是听话地留下了。

　　宴会之后小洋没再见到这个叔叔，便去问妈妈，妈妈很好奇："你怎么想起来找他了呢？"小洋讲述了聚餐时和这个叔叔发生的事情。妈妈听完非常严肃，立即把爸爸叫了过来。

　　不少青少年对于带有胁迫性、攻击性的性骚扰有强烈的防备意识，但对于在自己面前脱衣服、暴露隐私部位、要求看自己的隐私部位、夸奖自己的隐私部位好看等隐藏较深的侵犯行为缺乏防范意识。虽然这些行为只是通过视觉、语言的形式出现，但这也是性骚扰，会危害男孩儿的心理健康。家长要让孩子提前学会辨认并警惕那些可能侵犯他们身体边界的行为。

·建议处理方式·

　　青春期男孩儿要时刻注意自己的身体边界，辨别令人不适和不恰当的行为，如果有人越界，要勇敢地说"不"，并及时寻求帮助。

 放大镜

　　每个孩子都是家里的宝贝。有的亲朋好友喜欢捏孩子的脸蛋，不顾孩子意愿强行搂抱、亲吻孩子，孩子的身体边界意识会长期处在被突破的情况，尽管一开始不喜欢，但会在环境影响下改变想法："他们是因为喜欢我才这样做的。"

要在双方允许、双方都高兴的情况下才能做出亲密行为。

不喜欢这样的亲密行为，不要突然抱我。

男孩儿，请试着这样做

1. 隐形骚扰：性骚扰不只包含明显的性行为，还包括让人不适，针对身体隐私部位的语言、行为或暗示，比如暴露、触摸、亲吻等。

2. 保护自己：你有权利拒绝在感觉不舒服或受到威胁的环境下停留。不和他人去偏僻的地方玩耍、独处，用清晰和坚定的语言表达自己的感受和界限。

3. 寻求帮助：如果遇到性骚扰，不要害怕或感到羞耻，勇敢向老师、朋友或家人说明情况。

自护小测试

周末去攀岩，教练帮你穿戴护具的时候，隔着衣服揉搓你的隐私部位，这时你该怎么办？

A 换衣服的时候，爸爸妈妈也曾经碰过我这里，虽然不舒服，但我还是忍一忍吧。

B 我同意你帮我穿戴护具，但是这种行为不能纵容，立即制止他的行为，并立刻告诉家长。

第五章

控制自我，做情绪的主人

远离嫉妒，化攀比为动力

平平是一个普通的青春期男孩儿，他在学校里的成绩中等，各方面能力也一般。然而，他有一个非常要好的朋友小智，小智在各方面都非常出色，成绩优异，运动能力强，还擅长各种才艺。

平平一直很羡慕小智的优秀，他渴望能够在学习和体育上超越小智，成为同学们眼中的佼佼者。然而，无论平平如何努力，他总是无法达到小智的水平。

这种不断的比较和攀比让平平感到压力越来越大，他开始嫉妒小智，甚至对小智产生了一种敌意，他一边嫉妒小智能轻松得到大家的喜欢，一边为自己的默默无闻感到痛苦。平平的内心充满了矛盾，他既想和小智保持好朋友的关系，同时又无法抑制对小智的嫉妒之情。

有的青春期男孩儿对自己的期望过高，过于争强好胜，羡慕他人的成功，觉得只有把别人比下去才能证明自己的优秀。但每个人都有自己的价值和贡献，不必跟他人比较。我们应该树立积极健康的竞争观念，把重心放在个人成长和发展上，发掘自身潜力，不要让攀比和嫉妒影响自己。

·建议处理方式·

每个人都有自己的优点和特长，应客观地看待自己和他人，不断挖掘自己的潜力，成为更好的自己。

放大镜

来自家庭、生活、学校、社会的"比较"让青少年感受到巨大压力。有些青少年可能会过于放大他人的优点和成就，从而忽视自己的长处和成长，认为只有超过别人才能得到肯定。

才得了个二等奖，有什么可得意的？

他是数学第一，我是游泳第一，我们是冠军兄弟。

男孩儿，请试着这样做

1. 每个人都有自己的长处和短处，自己也有别人羡慕的地方。

2. 培养积极乐观的心态，对待他人的成就应持欣赏和鼓励的态度，而不是嫉妒。

3. 将攀比转化为自我激励的动力，总结他人的成功是如何努力得来的，然后以此为榜样激励自己。

4. 肯定自己在学习和生活中的进步，而不是过分关注他人的表现。

自护小测试

篮球赛上，一个男生频频进球，你的好朋友因为没有当选最佳球员而非常生气。你该怎么劝说？

A 你打得特别棒，努力的你最帅。每个人都是独一无二的，你玩儿魔方就比别人都厉害。

B 他就顾着自己耍帅，一点儿也不懂合作，有好几个动作都犯规了！还是你比较厉害。

坏脾气是蜇人的马蜂，及时消除不良情绪

小晨是一个正处于青春期的男孩儿，但他经常因为自己的坏脾气而伤害身边的人，只要有一点儿不如意的事情发生，他就会发脾气。小晨的朋友们都很害怕接近他，因为只要有一点儿不顺他的意，他就会大吼大叫。小晨的朋友们都开始远离他，他的家人也深受其苦，他经常因为一些小事情和家人争吵，甚至摔东西。

有一天，小晨和他最好的朋友因为争夺玩具卡片而发生了激烈的争吵。小晨坚持自己是对的，他大声吼叫，把所有卡片摔在地上，还狠狠地推了朋友一把。当他冷静下来，才意识到自己的坏脾气给身边的人带来了伤害和痛苦。

青春期男孩儿体内的荷尔蒙分泌增多，通常会引起情绪的大幅波动，这些变化会影响他们情绪的稳定性和自我控制能力。他们可能会无缘无故地突然发脾气，而且很难被说服，听不进别人讲道理。由于情绪控制能力较弱，他们可能会因为一些小事就轻易发怒，反应过激，和家人、朋友或同学发生争执。

·建议处理方式·

不要放任愤怒的坏情绪发展，要学会冷静处事，控制情绪，不要让冲动伤害自己和他人。

放大镜

青春期男孩儿情绪敏感，可能对他人的话语和行为产生过度的反应，导致不必要的情绪波动。冲动易怒和脾气暴躁是消极的情绪，不仅损害个人的身心健康，还会伤害身边的人，甚至对人际关系和未来的发展产生负面影响。

我对待大家温柔耐心，老师和同学都夸奖我。

为什么没人和我玩儿了？我只是脾气有点儿差而已。

男孩儿，请试着这样做

1. 意识到自己的情绪，知道自己正在经历愤怒、烦躁或冲动等不良情绪。

2. 当情绪开始失控时，试着通过深呼吸或数数来帮助自己冷静下来。

3. 给自己一些独处的时间和空间，离开让你感到烦躁的地方，重新调整情绪。

4. 你可以生气愤怒，但不要让暴躁的情绪蔓延，应找到适合自己的方式来发泄情绪，比如写日记、参加体育运动、听音乐或找朋友倾诉。

自护小测试

身为值日生的你打扫完班级卫生，最后一个离开教室。第二天上学时，你见到同学们在交头接耳地说话，其中一个同学问你有没有见到他的东西。这时你怎么办？

A 非常生气，质问对方是什么意思，恨不得抓住这个人，立刻揍他。

B 虽然他的问题让你感到很生气，但还是冷静地询问对方丢了什么东西，帮忙一起解决问题。

情绪化，要不得

　　吕涛是一名正处于青春期的男孩儿，他经常对未来的种种可能感到焦虑。吕涛的心情像被厚重的黑云笼罩着，家庭环境的紧张、父母的过高期望、学习的压力和同伴竞争都会成为他的焦虑来源。

　　吕涛的焦虑越来越严重，他开始变得过于敏感和紧张。每当他面临挑战和不确定性因素时，他的心中就充满了恐惧。他害怕失败，更害怕被他人嘲笑和排斥。上课时，他的心跳加快，汗水布满了他的手掌；生活中，他的身体时刻紧绷，随时准备应对可能出现的问题。在互联网平台上，吕涛看到同龄人轻松自在的生活、光鲜亮丽的样子，他的心情变得越来越消极。每当夜晚来临，吕涛常常难以入眠，他的脑海里充斥着不安的念头，导致他疲惫不堪、精神恍惚。

焦虑如同一头猛兽，不断撕扯着男孩儿紧张的内心，让他们陷入无尽的不安。面对成长的挑战，无论是学业压力、考试焦虑、竞赛紧张，还是对未来的担忧和不确定，都容易让他们产生焦虑情绪。青春期也是生理巨变的阶段，身材发育和尴尬的变声期都可能成为他们焦虑沮丧的因素。

·建议处理方式·

当下的烦恼、困难、忧虑都只是暂时的，应该把目光放长远，它们终会被解决或者自动消失。

放大镜

有紧迫感、在乎自己的学业和生活，这些本是青春期自我意识萌芽以及学会承担责任的良好开端。但是有些倔强的男孩儿过于要强，经常"钻牛角尖"，他们在产生情绪或欲望时，不选择沟通解决，而是压抑情绪。

怕黑，怕孤独，不想自己睡，想让爸爸陪。

睡不着，脑子里乱糟糟的，还有很多事没解决。

男孩儿，请试着这样做

1. 健康生活：保持规律的作息习惯，这有助于稳定情绪。

2. 放松一下：试试通过深呼吸、运动或听音乐等方法来放松自己，这样可以帮助你缓解紧张和焦虑。

3. 记日记：把你的感受和经历写下来，这有助于你整理思路，也许还能帮你找到解决问题的办法。

4. 做好规划：如果你因为考试或任务感到焦虑，可以做一个详细的计划，一步步来，逐渐减轻你的压力。

自护小测试

身边的男同学声音逐渐变得浑厚、身材变得高大，可你迟迟没有进入变声期，也没有长高的迹象，你感到很自卑，该怎么办？

A 闭口不谈，逃避现状，让自己轻松一些，虽然会加深孤独感，但只要能缓解暂时的情绪就行。

B 跟我的好朋友、家人聊聊我的感受和问题，寻求他们的帮助、理解和建议。

从容面对失败，坦然接受缺点

小译是一个热爱篮球的少年，他在学校篮球队中担任主力后卫，但他在最近几场比赛中频频失误，导致球队连续输球。小译感到沮丧和失落，开始怀疑自己的能力。

在一次训练中，小译发挥不佳，队友们开始责怪他，认为他是球队连败的罪魁祸首。小译感到非常沮丧，逐渐失去了自信。队友们的指责和批评让他感到孤立无援，他开始怀疑自己是否真的适合打篮球。

尽管有教练和父母鼓励，小译却无法振作起来。他开始抗拒参加训练，甚至在比赛前选择逃避，不再上场。小译的逃避行为不仅影响了他的心情，也影响了整个球队的士气。

小译觉得自己没用，是个彻底的失败者。每当他想起自己在球场上的那些糟糕表现和队友们的抱怨，他就感到特别绝望和无助。

在遇到挫折和困难时，有的男孩儿会怀疑自己的价值和能力，觉得自己是失败的人。每当他们回忆起之前的错误或被别人批评的场景时，都会感到非常绝望和无助。这时，他们的心情可能变得沮丧，充满负能量的自我评价和对未来的悲观看法。他们感觉自己好像掉进了一个黑暗的泥沼，找不到出路。每天的生活就像一个长长的噩梦，让他们觉得筋疲力尽，无法摆脱痛苦。

未来的路很长，不要因眼前的挫折而气馁，学会从失败中吸取教训，不要让一次失败阻碍你的发展。

每个男孩儿都希望自己能成功，但因为年龄小，经验和能力有限，常常会遇到失败和挫折。对成年人来说，一次失败也许只是小事一桩，但对处于青春期的男孩儿来说，这会让他们很受打击。

我想学骑自行车，但是怕摔倒。

完蛋了，我这次考得好差，我没救了。

男孩儿，请试着这样做

1. 失败并不代表自己不够好，它是学习和成长的机会。面对失败和挫折，感到沮丧很正常，要学会接受自己的不完美。

2. 相信自己，勇敢面对困难，积极调整心态，别被失败和挫折打败。

3. 每个人都有优点和缺点，接受自己的不足，了解自己的长处，这能让你更好地发挥自己的优点，而认识自己的短处也能让你不断进步。

4. 不管遇到多大困难，都要相信自己，坚持努力。只要努力，就能克服困难，取得成功。

自护小测试

上课时，你的脑子转得快，今天还没等老师点名就迫不及待地大声回答，老师严肃地让你不要扰乱课堂秩序，你以后会怎么做？

A 在回答问题前更注意自己的表现，积极举手，安静地等老师点名。

B 上课时完全提不起精神，再也没有以前那种积极的劲头。

厌学逆反，温和疏导

　　林林觉得生活太单调了，他的生活里仿佛只有吃饭、睡觉和学习这三件事。

　　他觉得自己就像一部永不停息的学习机器，没有一丝喘息的机会。林林开始越来越讨厌学习，他觉得学习只是为了应付考试，为了得到父母的赞许和老师的认可。"学习有什么意义？我不想学了，反正我永远也考不了满分。"

　　一天晚上，面对着书桌上的课本和作业，林林一个字也看不进去，心中涌起一股莫名的愤怒。他闭上眼睛，深深地吸了一口气，然后大声地喊出了心中的疑惑和不满："我不想学习，不想去学校！我的生活不能有其他内容了吗？"

在青春期这一关键的成长阶段，男孩儿们可能会对学习表现出不感兴趣、消极应对，甚至强烈的抵触情绪。他们可能对学校教育感到不满，对家长的期望和教育方式产生抵触，对学习的目的和意义产生怀疑，从而出现逃避学习、抗拒学习的态度和行为。他们对学习以外的其他活动更感兴趣，但家庭和学校可能会对这些活动加以限制，导致他们更加厌倦和逆反。

·建议处理方式·

探索自己的兴趣，找到学习的乐趣和意义，努力保持积极的心态，明确自己的目标，树立远大的理想。

放大镜

对于青少年，如果学习内容和方式与他们的个性和兴趣不相符，或者他们觉得学习只是为了应付考试和满足家长与老师的期望，他们可能会对学习产生厌倦和逆反心理。

利用健康的活动调节紧张的情绪。

太烦了，我看不进去，真不想学！

男孩儿，请试着这样做

1. 爱上学习：想一想学习与自己的兴趣和理想有什么关系，明白学习的目的是什么。

2. 善做计划：制订适合自己的学习计划，合理安排时间，改善学习习惯。

3. 寻求帮助：如果遇到学习困难或解决不了的问题，可以向老师、父母或同学寻求帮助。

4. 劳逸结合：培养自己的兴趣爱好，做一些能让自己快乐和放松的事情，减轻压力。

自护小测试

英语老师总督促你默写单词、背课文，还提醒你不能偏科，要把英语学好。你会怎么做？

A 为什么总抓着我不放？英语老师太烦了，我才不听他的话！

B 老师这么做是为了提高我的英语成绩，我要按他说的做，再去问问老师有什么学好英语的窍门。

赶走自卑，自信社交

男孩儿周周个子不高，皮肤偏黑，一头浓密的黑发，戴着厚厚的眼镜。他性格内向，不喜欢与人交流，总是默默地坐在教室的角落里，用阅读填补自己的孤独。

周周觉得自己有社交恐惧症，每当面对同学时，他都会感到紧张不安，害怕被别人嘲笑或排斥。这种恐惧感使得他不敢主动交朋友，也不敢参加任何社交活动。

一天，学校组织了一场户外活动，要求每个班级都参加。周周感到非常焦虑，他不想面对那么多人，害怕自己会在活动中出丑。然而，他知道如果自己不参加，就会被人看作异类，所以他还是鼓起勇气去了。

在活动中，周周一直默默地跟在队伍后面，看着其他同学开心地交谈和玩耍。他羡慕他们的勇气和自信，同时也为自己的胆小和自卑感到痛苦。

在面对他人时，害羞内向的青少年会担心被嘲笑或拒绝，这让他们不敢主动与人交流，陷入社交孤立。自卑的男孩儿过于在意自己的缺点，忽视自己的优点，对自己的能力和魅力产生怀疑，不敢与人互动。有些青少年可能缺乏社交经验和自信心，不知道如何与人建立和维护友谊，这会加剧他们的自卑感。

·建议处理方式·

相信自己，每个人都有独特的价值和优点，勇敢地迈出第一步，你会收获友谊和社交的快乐。

放大镜

随着年龄的增长，男孩儿会更在意自己的外貌、能力和与他人交流时的表现。他们有时会质疑自己，将自己和他人比较，努力达到某些标准或自己的期望。如果没有达到这些标准，他们就会对自己产生怀疑，从而感到自卑，不敢与他人交流。

他在看的这本书是我最喜欢的漫画，我想和他一起看。

他的自行车好酷，我能找他聊天儿吗？

男孩儿，请试着这样做

1. 正视自己：发现自己的长处和成就，接受不完美，知道每个人都有独到之处，无须与别人比较。

2. 运用肢体语言：用直立的姿态、自信的眼神、放松的肩膀和真诚的微笑增加自信，这不仅能吸引他人注意，还能让你更自信。

3. 学会倾听：通过倾听和关心他人来建立良好关系，展示对他人的真诚关心和理解，让你成为一个受欢迎的沟通者。

4. 寻找共鸣：和有共同爱好、价值观和目标的人相处，这会让你感到更舒适和自信。

自护小测试

班里有个阳光帅气的男孩儿，成绩优异、性格开朗，你觉得自己没有他受欢迎。

A 他太完美了，而我没有魅力、没有优点，注定没朋友。

B 他受欢迎不等于我不受欢迎，只要我敞开心扉，积极、真诚地参与同学们的聚会和聊天儿，就能交到朋友。

拒绝虚荣心和过度自尊

在一个阳光明媚的下午，洋洋高高兴兴地走在回家的路上。他终于穿上了新买的篮球鞋，为了买这双鞋，他省吃俭用了好几个星期。穿着这双鞋，洋洋感觉自己走路都带风，仿佛整个世界都在赞美他。

洋洋特别注重面子，追求名牌，觉得只有穿得好、零花钱多，才能得到别人的尊重。可是他的零花钱有限，于是他开始想方设法省钱，甚至有时候会向父母撒谎，说学校需要交钱，以此来获取更多的零花钱。

乐乐的家庭并不富裕，他穿着简单，但成绩优异，为人谦逊有礼。洋洋看到乐乐，在心里暗自嘲笑："这个人真是寒酸，连一双好鞋都买不起。"

然而，让洋洋没有想到的是，乐乐并没有注意到他的鞋子，没有与任何人攀比，而是帮助同学提高学习成绩。

有的男孩儿喜欢追求名牌和物质享受，希望用这些来得到别人的尊重和认可。因为他们太在乎别人的看法，可能会过度消费，形成错误的金钱观念。这种骄傲自大的态度表现出他们对自己的高估和对别人的贬低，让他们忽视了他人在学业和品格上的优点。仅仅根据物质条件评价他人是片面和不公正的。

·建议处理方式·

客观评价自己的能力和价值，尊重他人，不以金钱、成就为标准来评价自己和他人。

放大镜

有的男孩儿认为自己在所有方面都比别人出色，不愿接受任何批评或指导，觉得自己能够独自完成所有任务，甚至对他人的意见不屑一顾。有时候，他们可能会因为太关注自己的优点而忽视了自己的不足和他人的优秀。

只要努力，大家都能取得好成绩。

谁也比上上我，我就是最棒、最优秀、最厉害的！

男孩儿，请试着这样做

1. 自我反思：发现自己的优点和缺点，认识到自己的价值不取决于他人的评价或拥有物质财富的多少。

2. 自我控制：理智消费，不盲目追求名牌和物质享受。

3. 自我调节：不因一时的成功或失败而过度自信或盲目自卑，以平常心面对得失。

4. 谦虚学习：三人行，必有我师，不要过分关注自己的优点，学会倾听和尊重他人。

自护小测试

假期时，不少同学都外出旅游、探亲，大家一起聊着自己的所见所闻，你要如何参与聊天儿？

A 积极倾听他人的故事，尊重他人的观点和经历，不否认、不贬低，再分享自己的经历。

B 夸大自己的经历或者成就，向同学展示拥有的物品，以此来获得羡慕的目光和认可。

第六章

分辨网络世界，不在虚拟世界中迷失

警惕校园网贷陷阱

橙橙是一名网络爱好者。一天，他在游戏聊天儿频道看到了一条关于网贷的广告。频道内马上有网友现身说法："举报这条消息。""零利息、免手续费、零抵押都是骗人的！""之前想买游戏皮肤，但是没钱充值，差一点儿就对网贷动心了。""有人爱开盲盒、收集动漫卡片，结果越买越多，最后碰了网贷。"橙橙边看聊天儿内容，边搜索校园网贷的报道。他发现一些网贷平台都是以低门槛、快速放款为诱饵，实际上隐藏着高额的利息、手续费和罚息。如果学生无法按时还款，就会陷入债务陷阱，甚至有可能被暴力催收。

不良平台甚至会利用学生的个人信息进行诈骗和推销，给学生带来很大的困扰。橙橙决定把这些信息分享给更多的同学，提醒大家警惕校园网贷的陷阱，认识到网贷的危害。

·案例分析·

　　青春期男孩儿喜欢追求新鲜事物，爱面子，消费欲望强。他们经常设定超出自己能力范围的消费目标，然而他们没有足够的金融知识，对贷款和利息等概念并不了解，易陷入校园网贷陷阱。他们往往会因为一时冲动就决定尝试网贷，并没有考虑好怎么还钱，结果可能欠下巨额债务而无力偿还。

·建议处理方式·

　　不贪图便利快捷，不轻信无抵押、无门槛的诱惑，坚决拒绝任何形式的校园网贷，避免财务和个人信息双重受骗。

大镜

　　青少年很容易受到网络的影响，认为网贷新奇、有趣。即使他们知道这样做可能会带来麻烦，但往往因一时冲动就决定尝试网贷，却没考虑怎么还钱和其他后果。

我要正确合适地利用网络。

以学业压力、社交需求等理由为借款行为辩护。

男孩儿，请试着这样做

1. 校园网贷风险极大，可能产生法律问题、经济损失和精神压力。

2. 控制自己的消费欲望，不过度消费。清楚地了解自己的财务状况和消费能力，不碰任何形式的借贷。

3. 树立正确的金钱观，培养财务管理习惯，如制订消费预算、设立存钱罐或储蓄账户。

4. 不轻信网络上的虚假广告或信息，保持警惕，不泄露个人信息或进行借贷。

自护小测试

你想买一个平板电脑，但目前零花钱还不够，某网贷平台宣称对学生"零门槛、零利息"，你要试试吗？

A 这个平台看起来很正规，还有客服答疑解惑，我用明年的压岁钱应该能还上。

B 不信网贷平台的宣传，我可以制订储蓄计划，延后消费。

网友算朋友吗

　　陈宇在网上玩儿游戏时认识了一个网名叫"慢慢"的网友，他们的共同兴趣爱好使他们的友谊在虚拟世界中萌发。两人聊天儿的内容也渐渐从游戏扩展到了生活中的点滴，陈宇对这个"慢慢"越来越喜欢：他们有很多共同爱好，比如都喜欢玩儿网络游戏、机器人，都不喜欢吃芹菜和香菜，都喜欢听国风歌曲……

　　随着时间的推移，陈宇尝试着从其他途径了解"慢慢"，却发现他的信息并不真实。这让陈宇开始思考，他们之间的友谊是否只是建立在虚拟的网络世界中？

　　一次偶然的机会，陈宇终于见到了"慢慢"。然而，现实中的"慢慢"与网络上的形象大相径庭，两人的真实兴趣爱好也并不完全相同。这让陈宇感到失望和困惑，他开始质疑他们之间的友谊是否真的存在。

在网络中，人们往往只暴露自己愿意展示的一面，这使得网友对彼此的了解是片面的，甚至是虚假的。在现实生活中，人们的行为、性格和价值观会在各种情境下得到体现，这是网络交往所无法触及的。青少年应珍惜现实生活中的友谊，而不是过分依赖网络交往。网络交往可以作为一种补充，为我们拓宽社交圈子，但不应取代现实生活中的友谊。

·建议处理方式·

网友只是在网络上认识的人，而非真正的朋友，出于谨慎考虑，不应轻易决定与网友在线下见面。

放大镜

青少年通常更专注于现实世界中的互动和交往，他们的社会关系和友谊大多建立在面对面的交流和共同的活动上。网络提供了一种匿名或半匿名的环境，在探索自我、建立身份和寻找归属感的过程中，网络只不过提供了一种新的社交方式。

网络是虚拟的，我要保持警惕，拒绝与网友见面。

对网友产生兴趣，想要在现实生活中验证这段友谊的真实性。

男孩儿，请试着这样做

1. 网络里的人都是虚拟世界的陌生人，我们不知道他们的真实想法和身份，所以不要轻易告诉网友你的个人信息，比如名字、电话、地址等。

2. 在网上聊天儿时，对方可能会隐藏自己的真实情况，我们无法确定他们是否安全。因此，不要轻易与网友见面，不要给他们你的账号和密码，也不要接受他们发给你的链接或文件。

3. 在现实生活中，多参加各种活动，比如运动、兴趣小组，这样可以交到更多真实的朋友，面对面的交流更可靠。

自护小测试

你刚搬到一个新小区，你打开手机定位，通过"摇一摇"和"附近的人"功能认识了一些同龄人，你会和他们一起出门玩儿吗？

A 会，在网上聊得好，代表我们一定能玩儿得来，既然是"附近的人"，我们可以很快见面。

B 不会，网上的信息可能是假的或是欺骗人的，和陌生人见面会有危险。

屏幕背后是天使还是恶魔

小岚是一个兴趣广泛的男孩儿，他热衷于上网，并在各种社群里交友。小岚遇到了一个网友，这个网友非常羡慕小岚住在海边，因为他喜欢轮船、军舰和大海，是一个航海迷。网友向小岚求助，希望小岚带他去一些特定的地方拍摄照片。小岚在地图软件里搜索不到网友指定的位置，于是网友给他发送了具体的经纬度坐标，并说这是航海爱好者的必备技能。

小岚第一次遇到这种情况，有点儿困惑。这个网友又向小岚推荐了一些付费课程，包括航模设计与拼搭，以及航海知识讲座，并告诉小岚，他可以享受专属优惠。小岚非常感兴趣，花了不少钱购买这些课程。小岚根据课程里学到的知识找到网友发送的坐标地点，他在拍照的时候被巡逻民警发现并警告："这是军事管理区，不可以拍照！"小岚更困惑了！

青少年无法分辨网络背后潜藏的诈骗和间谍活动，他们的网络安全意识和辨别能力还有待提高。网络环境复杂，在面对网络中的各种诱惑和陷阱时应增强警惕，青少年要学会辨别屏幕对面的真实身份和目的。同时，家长和老师也应该给予适当的指导和教育，协助青少年提高网络素养和安全意识。

·建议处理方式·

警惕网络背后的陌生人，不要被"糖衣炮弹"迷惑，要学会辨别诈骗、间谍等非法活动，保护自己不受伤害，维护国家利益。

放大镜

网络环境充满不确定性，青少年很难辨别复杂的社交信号和潜在的危险。此外，青少年可能更倾向于相信自己的判断，而不是依赖成人的指导，网络上的虚假信息更容易迷惑他们。

当屏幕的另一端不是亲属而是陌生人时，环境就不再单纯、友善。

轻易相信网络诱饵。

男孩儿，请试着这样做

1. 如果有人提出和你交易或要求你做某事，要慎重考虑，不要轻易相信。

2. 如果对方言行异常，可能存在欺骗，要及时找家长、老师或其他成年人寻求帮助。

3. 参加网络安全教育课程，了解常见的网络诈骗手法和间谍活动的特征。

4. 不点击陌生链接，不下载来路不明的应用程序，牢记返利、刷单等行为都是违法活动，充值保证金、面试费、代缴费都是诈骗手段。

自护小测试

你的游戏群中有个发言很活跃的"富哥"，这天他说："我想换个大内存手机，有没有群里的好兄弟用一百块钱收购旧手机？"你要买下吗？

A 天上不会掉馅儿饼，只会掉陷阱，这么明显的骗局，我才不信。

B 正好我买手机的预算有限，在这个群里待很久了，群友都是信得过的熟人。

合理游戏，精彩生活

　　小城是一个沉迷于电子游戏的男孩儿，他的世界几乎被游戏填满，他在白天上课时打瞌睡，在晚上熬夜，甚至通宵打游戏。他的生活仿佛已经被游戏吞噬，他每天的所思所想都是游戏内容。

　　一天晚上，小城正在全神贯注地玩儿一款新游戏。他沉浸在游戏的世界中无法自拔。突然，他领取了一个神秘的隐藏任务——寻找传说中的神迹水晶。小城兴奋不已，他决定放弃睡觉的时间，去游戏中寻找这个水晶。

　　第二天，上学迟到的他被老师叫到办公室。他迷迷糊糊地走进办公室，老师问："怎么又迟到，昨晚干吗去了？"小城嘴里念叨着："你给的任务，找水晶啊。"老师疑惑地看着他，问他到底在说什么。小城突然意识到自己在老师办公室，立刻清醒了过来，满脸尴尬。

·案例分析·

青少年的未来不应该被游戏控制，而应该把握在自己的手中。游戏是一种娱乐方式，但过度沉迷其中就不能掌握现实与虚拟的界限，甚至会直接影响我们的生活和学习。青少年应该学会适度地享受游戏带来的乐趣，同时也要保持对现实世界的关注和热爱。

·建议处理方式·

适度健康游戏，合理安排时间，不可将游戏代入生活。应该分清现实世界与虚拟世界的界限，不能将二者混淆。

放大镜

如果过度沉迷于游戏，青少年容易把游戏中的规则当成现实问题的解决方法，模糊界限、忽视现实。有的游戏以暴力、凶杀、色情为主题，长期玩儿这些火爆刺激的游戏可能导致青少年道德观念混淆，性格变得扭曲，从而引发不良行为，甚至违法犯罪。

游戏画面中的阳光再美，也没有照在身上的阳光带来的温暖美好。

被过度娱乐化、火爆刺激的游戏改变了认知，影响了言行。

男孩儿，请试着这样做

1. 游戏不限时，人生有限时。青少年应选择健康的游戏，设定固定的游戏时间。

2. 攻略游戏不如攻略生活。把游戏看作生活的调剂，游戏等级、装备不是人生的全部。

3. 了解游戏设计师是如何设计游戏来吸引玩家充值的，提高自控力。

在玩儿网络游戏时，系统提示你只有充值才能继续闯关，你会怎么做？

A 果断退出。

B 少充点儿值，不会影响什么。

远离色情网站，才能健康成长

　　小益是一个正处于青春期的男孩儿，他在上网时，无意间进入一些贴吧和 QQ 群。这些地方总有人发布图片，讨论网络上的热门动漫。这次他发现群里充满了各种诱惑性内容，这些文字和图片让小益感到非常好奇，他开始频繁地浏览这些网站。

　　起初，小益觉得这只是一时的娱乐，但随着时间的推移，他发现自己越来越沉迷于这些内容，甚至开始影响他的日常生活和学习。他开始对身边的人和事漠不关心，整日沉浸在充满大尺度黄色内容的网络世界中。

·案例分析·

　　处于青春期的男孩儿身体开始出现性特征，荷尔蒙的变化使他们对性产生了更多的兴趣。如果男孩儿没有接受性教育，他们可能会通过色情内容获取性知识，错误地理解性知识。

·建议处理方式·

　　从学校、家庭中获取健康正面的性知识，提高警觉，远离不健康的书籍、网站。

放大镜

　　色情内容能够满足青少年对于性的好奇心，甚至为他们提供探索和了解性知识的途径。如果他们发现色情内容在同龄人中流行，可能会为了合群、展现自己"知识丰富"而接触这些内容。

科技的进步为青少年提供了更多获取知识和信息的渠道。

色情、暴力等不健康内容隐匿于网络之中，青少年需要提高警惕。

男孩儿，请试着这样做

1. 保持健康生活：定期锻炼，保证睡眠充足，均衡饮食。

2. 警惕色情网站：它对心理和健康有害。

3. 学习性知识：通过正规渠道获得准确科学的信息。

自护小妙招儿

　　网络上的黄色淫秽内容具有很强的诱惑性，影响青少年的身心健康，甚至诱发模仿、猥亵、强暴等严重犯罪行为。

A 接受家人的建议，在电脑、手机等电子设备上加装过滤软件，关闭某些网站、新闻推送和聊天儿群。

B 允许家长监管上网时间、网络游戏、网络购物、网络交友等行为。

打赏网红，财产必空

小北是一个处于青春期的男孩儿，他对网络和社交媒体非常着迷。他经常看各种网红直播，特别喜欢一个名叫"小夜"的网红主播。每次看到"小夜"展示新款服装、游戏账户或者奢侈的旅行分享，小北的心就会燃起想要多看一眼、多了解一下的愿望。

小北开始打赏自己喜欢的网红主播，却并没有考虑这些打赏款项是父母辛辛苦苦赚来的钱。

随着时间的推移，小北的打赏行为变得越来越频繁，并超出了父母给他的零花钱。他开始利用父母的信任，偷偷地挪用他们的钱来打赏，以满足自己追求虚拟享受的欲望。

然而，小北的打赏行为并没有给他带来真正的满足感，反而让他的财务问题越来越严重。当爸爸妈妈发现他们的钱被挪用后，对小北感到失望和愤怒。

·案例分析·

　　有些不良主播会通过起哄、煽动、卖惨博取同情等方式引诱网友打赏。处于青春期的男孩儿可能由于虚荣心和追求自我满足的欲望等原因，在不知不觉中花掉父母辛苦赚来的钱。然而，这样的行为不仅给家庭带来财务困扰，还会失去家人的信任，影响家庭关系。青少年应该珍惜父母的付出，理性地管理金钱，并对虚拟世界中的诱惑保持理性。

·建议处理方式·

　　打赏后获得的一句感谢非常廉价，我们要珍惜、感谢父母的辛勤付出，不追求打赏得来的名利和短暂满足。

放大镜

　　打赏主播可能会得到特殊待遇和直播平台设立的虚拟奖励，如在直播中被提及名字、回应提问或者得到虚拟礼物或称号等。这种关注和互动能够让青少年感觉自己与主播之间有一种特殊的亲密关系。

送了几个礼物，这个网红就跟我互动了，真开心！

糟了，不知不觉间我已经把压岁钱都给主播了！

男孩儿，请试着这样做

1. 懂得理性地使用自己的零花钱，明白打赏只是暂时的满足和虚拟的享受，要追求有意义的目标。

2. 不要让虚拟世界的互动影响现实生活中的真实人际关系。

3. 有些主播会利用我们的虚荣心来赚钱，这可能让我们被利用和操纵。

4. 培养良好的人际关系、道德观念，不要追求虚拟世界中的短暂心理满足。

自护小测试

你会打赏非常喜欢的主播吗？

A 在主播表现出色、给我带来乐趣和启发时，可以打赏一下，以表达感激和肯定。

B 不会的，网络世界是虚拟的，我要分清网络和现实生活的界限。